NOTICE

SUR LE

GROS CHÊNE

D'ALLOUVILLE.

NOTICE

SUR LE

GROS CHÊNE

D'ALLOUVILLE

OU

CHÊNE-CHAPELLE.

ROUEN,
MÉGARD ET Cᵉ, IMPRIMEURS-LIBRAIRES,
Grand'Rue, 156.

1855.

AVANT-PROPOS.

On vient, et quelquefois de fort loin, pour se procurer l'innocent plaisir de voir de ses propres yeux le gros chêne dont on parle tant. Arrivé sur les lieux, on le voit et on le revoit encore, on l'examine dans tous les sens. La curiosité des yeux est satisfaite, mais celle de l'esprit ne l'est pas.

Ainsi qu'un voyageur, apercevant les ruines fameuses d'un château fort dont il a entendu parler, quitte sa route un instant et va en considérer les débris célèbres, il voit tout, examine en détail ces ruines antiques; puis, son imagination se reportant vers les siècles passés, il désirerait encore connaître le temps où il a été bâti, les assauts qu'on lui a livrés, les victoires qui l'ont illustré, les grands événements dont il a été témoin, le temps de sa prospérité et celui de sa décadence. Une notice qui l'instruirait sur ces points, lui procurerait le plus sensible plaisir.

On a donc cru procurer ce plaisir aux personnes qui viennent tous les jours visiter le gros chêne, en leur offrant l'histoire de cet arbre célèbre, où ils apprendront avec un vif intérêt le temps approximatif de sa plantation, les événements dont il a été le témoin, les éloges qu'on lui a donnés, les dangers qu'il a courus, les souvenirs qui s'y rattachent, et beaucoup d'anecdotes curieuses et intéressantes. Tel est le but qu'on s'est proposé; le lecteur jugera si on l'a atteint.

NOTICE

SUR LE

GROS CHÊNE D'ALLOUVILLE.

Ses Dimensions et sa Forme.

On voit avec étonnement les énormes baobabs d'Afrique, qui passent pour les plus gros arbres de la terre, et qui, selon les calculs d'Adanson, sont aussi anciens que les pyramides de Memphis. Le chêne d'Allouville n'est pas moins digne d'admiration; on ne cite aucun autre chêne en Europe qui lui soit comparable, soit par l'étendue de ses dimensions, soit par le nombre de ses années.

Ce chêne est de la variété à glands pédonculaires (*quercus pedunculata*, Hoffm); son tronc a dix mètres de circonférence dans sa partie la moins grosse ; mais son élévation ne répond nullement à sa grosseur : elle n'a guère plus de vingt mètres. C'est en largeur que s'étend et se développe sa tige. Le tronc, creux depuis ses racines jusqu'au sommet, présente une forme conique très-prononcée. Diverses ouvertures, dont la plus grande est dans sa partie inférieure, donnent accès dans sa vaste cavité ; d'énormes branches, sortant du tronc à trois mètres de sa base, s'étendent presque horizontalement, de manière à couvrir un vaste espace. C'est là que les enfants du village viennent s'exercer aux jeux de leur âge ; c'est là que les familles, avant ou après les offices de l'Église, se voient et conversent ensemble, le gros chêne leur offrant un abri contre la pluie et un ombrage frais contre les ardeurs du soleil.

A la hauteur de dix mètres, le chêne présente encore une grosseur dont n'approchent pas les plus beaux arbres de nos antiques forêts. Son sommet est revêtu de bardeau et couvert d'un toit en pointe, et il forme un petit clocher au-dessus duquel une croix en fer s'élève d'une manière pittoresque au milieu du feuillage.

La figure de cet arbre, dans son ensemble, ressemble assez à un pommier; ses branches, qui forment sa chevelure, sont belles et nombreuses; elles se divisent et se subdivisent en rameaux touffus, et offrent un aspect imposant.

Il n'en est pas du gros chêne comme des chênes vierges que l'on trouve dans les antiques forêts. Ceux-ci n'ayant jamais vu le fer du bûcheron, toutes les branches qui ont fait la beauté et la parure de leur jeunesse, devenues, avec le temps, comme de gros arbres, décorent encore leur vieillesse et en font le plus riche ornement; mais notre chêne n'a pas été aussi heureux. Restreint de tous côtés dans l'emplacement qu'il occupe, ayant jadis d'autres arbres plantés près de lui, il ne fut pas plus épargné, pendant cinq ou six cents ans, que ne l'étaient les arbres voisins. Le bûcheron, à chaque bail, venait, par l'ordre et au profit de l'usufruitier du cimetière, le déshonorer en coupant sans miséricorde ses branches, qui seraient devenues bien plus grosses et bien plus belles que celles qu'il porte aujourd'hui et qui le décoreraient admirablement. Ce n'est que depuis trois ou quatre cents ans qu'on a commencé à le respecter.

Son Age approximatif.

Quel est donc l'âge du gros chêne? Il est de mille ans au moins. On n'a guère de données certaines sur la durée des arbres, parce qu'elle surpasse de beaucoup le terme ordinaire de la vie des hommes; cependant il est assez bien prouvé, dit un naturaliste savant, M. Bock, que le chêne planté dans un bon terrain peut vivre six cents ans. Mais il y a longtemps que le chêne d'Allouville a franchi ce terme; quoiqu'il soit difficile de bien préciser son âge, il est certain qu'il jouit d'une longévité extraordinaire. La grosseur démesurée de son tronc, les cavités de son écorce, l'entière consomption de sa substance intérieure, tout annonce qu'il porte un poids énorme d'années. D'après les naturalistes, cet arbre aurait au moins neuf cents ans.

En 1400, M. Greux, dans un voyage aux îles

du Cap-Vert, écrivit son nom sur deux baobabs ; M. Pelevier écrivit le sien cent quarante-neuf ans après ; en 1749, M. Adanson les mesura et vit les inscriptions ; il remarqua qu'en deux cents ans, ils avaient grossi de deux mètres vingt-cinq centimètres. Or, s'il est permis d'établir quelque similitude entre des arbres de différente espèce et plantés en des climats différents, cette remarque confirme celle des naturalistes ; car si un accroissement de deux mètres vingt-cinq centimètres de circonférence exige une durée de deux cents ans, la circonférence du gros chêne, qui est de dix mètres, exigerait environ neuf cents ans.

D'ailleurs, le chêne croît lentement ; il n'a pas ordinairement, à l'âge de cent ans, plus d'un mètre de circonférence, dit M. Bock ; et encore ne croît-il, dans cette proportion que dans les années de sa jeunesse, et non dans celles qui suivent, à cause du ralentissement progressif de la végétation, effet naturel de l'âge. D'après cette base, le gros chêne offrant dans la partie moyenne de son tronc dix mètres de circonférence, il faudrait lui donner mille ans, même en supposant, ce qui n'est nullement admissible, qu'il ait toujours grossi d'un mètre de circonférence par siècle.

Mille ans, quelle longévité ! Tout disparaît autour de lui, tout passe, lui seul demeure. Que d'enfants qui ont joué sous ses rameaux touffus et dont la bêche a creusé la tombe ! Que de familles, que de générations reposent à son ombre !

> Le temps, qui donne à tout le mouvement et l'être,
> Produit, accroît, détruit, fait mourir et fait naître,
> Change tout dans les cieux, sur la terre et dans l'air.
> L'âge d'or, à son tour, suivra l'âge de fer ;
> Flore embellit d'un champ l'aridité sauvage,
> La mer change son lit, son flux et son rivage,
> Tandis que le gros chêne, à l'épreuve du temps,
> Demeure inébranlable en ces grands changements.

Nous aimons à contempler et à interroger les monuments inanimés et les débris des siècles passés ; un pan de muraille bâti par les Romains, une tour du moyen âge, un château fort tombant en ruines et que revêt le lierre, frappent notre imagination, la reportent vers les temps anciens et la remplissent d'historiques souvenirs. Mais un intérêt plus touchant encore ne semble-t-il pas s'attacher à ce chêne qui, ayant vécu avec plus de trente générations, vit encore avec nous ? Planté au commencement de la seconde race de nos rois, il a été dans ce village le témoin de la prospérité et du deuil des familles, de tous les événements heureux ou malheureux qui ont eu lieu depuis sa plantation. Si l'on pouvait lui prêter la parole, comme autrefois les poëtes aux chênes de Dodone, que de choses n'aurait-il pas à nous raconter ! Il nous dirait qu'il a vu l'église plusieurs fois tomber, ravagée par les guerres ; qu'il a vu ces belliqueux pirates, connus sous le nom de Normands, portant la flamme et la dévastation dans les campagnes consternées ; qu'il a vu les populations effrayées, à l'approche de ces barbares, courir au temple saint et faire retentir ses voûtes de ce cri de la foi et de la douleur : O Seigneur, ayez pitié de nous, sauvez-nous de la fureur des Normands ; *à furore Normannorum libera nos, Domine ;* que déjà il offrait un épais ombrage, lorsque les guerriers de Guillaume le Conquérant traversèrent le village d'Allouville (1) pour aller se couvrir de gloire à la célèbre bataille d'Hasting, et que plus d'une fois le trouvère normand a chanté sous son feuillage les exploits des Godefroy, des Raymond, des Richard.

Combien d'années peut-il encore vivre ?

Malgré un si grand âge, cet arbre peut vivre encore longtemps. Il porte, il est vrai, de grandes marques de vétusté; mais on ne voit point chez lui de symptômes avant-coureurs de la mort; il jouit encore des avantages d'une vigoureuse jeunesse; ce que le temps emporte au dedans, une végétation fougueuse le remplace au dehors; il se pare chaque année d'un épais feuillage, il se charge de glands. De riches propriétaires en ont fait des plantations; la postérité verra si les enfants parviendront à la vieillesse de leur père.

(1) La voie qui conduisait autrefois de Rouen à Harfleur traversait le village d'Allouville.

— 15 —

Cette longévité n'est pas sans exemple dans un chêne : témoin celui de la vallée de Mambré sous lequel Abraham reçut les trois anges qui lui annoncèrent la naissance miraculeuse d'Isaac. Cet arbre, planté un siècle au moins avant ce patriarche célèbre, existait encore au commencement du ve siècle. Eusèbe et Socrate rapportent que l'empereur Constantin, instruit des superstitions et des désordres qui se commettaient sous cet arbre, ordonna au comte Acace de faire brûler les idoles, de renverser les autels, et de châtier dans la suite tous ceux qui se permettraient de profaner le chêne par quelque impiété. Saint Jérôme assure que de son temps, c'est-à-dire sous le règne de Constance le Jeune, on voyait encore cet arbre célèbre. Or, qui peut dire qu'une vieillesse semblable ne soit pas réservée au chêne d'Allouville-Bellefosse ?

Comment se trouve-t-il dans le Cimetière ?

Comment ce chêne prodigieux se trouve-t-il seul dans le cimetière du village? Celui qui l'a planté aurait-il prévu qu'il serait un jour l'ornement du lieu et l'orgueil de ses habitants? Il paraît qu'une ceinture d'arbres bordait autrefois le cimetière et en formait la clôture; et comme dans le cours des siècles il surgit quelquefois un génie supérieur qui efface ses contemporains, cet arbre effaça ses voisins par une végétation extraordinaire. Sa grosseur, quoiqu'elle ne fût pas alors ce qu'elle est aujourd'hui, fixa les regards et excita l'admiration de ceux qui pouvaient décider de son sort; et quand le bûcheron porta la cognée à la racine des autres arbres, ordre fut donné de respecter celle du gros chêne; et s'il se trouve si près de l'église, c'est que l'église a été rebâtie plusieurs fois depuis sa plantation et que le clocher qu'il touche de ses branches a été transporté au bas de la nef en 1769.

C'est sans doute à la place qu'il occupe qu'il doit sa conservation. Il est vrai que nos pères respectaient plus longtemps que nous les vieux arbres. « Il n'y a pas bien des années, dit M. Bock, il était commun de voir, dans les pays boisés, des chênes qui avaient quatre, cinq, six cents ans et plus, et qu'on épargnait uniquement à cause de leur âge. » Et pourtant ce respect n'a jamais égalé celui des peuples orientaux ; dans ces contrées, où l'ombrage est à la fois et plus nécessaire et plus rare, un grand arbre, surtout s'il est près des habitations, devient un objet précieux. « Parmi les Turcs, dit un voyageur, c'est un crime de couper de vieux arbres, et tout le voisinage ne manquerait pas d'en murmurer. J'ai souvent vu des boutiques construites autour d'un grand platane, qui semblait sortir du toit, ou des murailles traversées par des branches que des propriétaires n'osaient émonder. »

La position du gros chêne près de l'église et dans le cimetière, l'heureuse idée qu'on a eue de le consacrer au culte divin, la vénération des habitants, qui vont jusqu'à faire un crime aux voyageurs d'en arracher quelques feuilles, paraissent assurer sa conservation jusqu'à ce qu'il succombe de lui-même.

Dangers courus par le gros Chêne.

Deux fois, vers la fin du dernier siècle, la foudre est tombée à ses côtés : la première fois, lorsqu'elle fit des dégâts sur une chaumière qui aujourd'hui n'existe plus et qui se trouvait à dix pas du gros chêne ; la seconde fois, lorsque le fluide électrique est venu fondre sur le clocher, où il fit certains ravages à la toiture et fendit la grande porte de l'église en éclats ; mais le chêne ne perdit pas un seul des rameaux.

Un péril plus grand devait le menacer. Le vandalisme révolutionnaire, qui avait détruit tant de monuments inanimés, chefs-d'œuvre de l'art et la gloire de la France, n'a pas épargné davantage les monuments de la nature. Les terroristes des communes voisines se concertèrent et vinrent au village d'Allouville pour brûler le gros chêne, mais il trouva dans les habitants de nobles et généreux défenseurs. Une lutte s'engagea, et les révolutionnaires, qui ne s'attendaient pas à une telle résistance, se déconcertèrent et prirent la fuite.

On avait planté auparavant deux peupliers dans le cimetière et tout près du gros chêne. On nomma l'un l'arbre de la liberté, et l'autre l'arbre de la fraternité, et on eut l'heureuse idée de nommer le gros chêne celui de la raison, et cette dénomination le sauva, car elle servit à ses défenseurs, qui dirent : « Cet arbre, nommé par la loi, doit être respecté par la loi. » Ainsi c'est à l'égide de cette déesse imaginaire que cet arbre fameux doit sa conservation.

Deux autres arbres également remarquables, situés dans le verger, près du presbytère, concouraient avec le gros chêne à la célébrité du lieu, une épine et un hêtre. Tous deux, à la hauteur de trois ou quatre mètres environ, étalaient horizontalement leurs branches, comme les raies d'une roue qui partent de leur moyeu, puis les élançaient verticalement, les courbaient ensuite sur elles-mêmes et formaient un lambris verdoyant. Dans les branches perpendiculaires, des ouvertures étaient habilement pratiquées en forme de fenêtre ; sur les branches horizontales on avait construit un plancher auquel conduisait un escalier en forme de spirale : c'étaient deux chambres portées sur deux troncs d'arbre. Celle du hêtre contenait seize personnes à table et celle de l'épine douze seulement. Mais, hélas ! ces deux arbres n'existent plus ! Une main sacrilége a porté la cognée à leur racine et en a fait la proie des flammes.

Si l'on avait eu recours, pour sauver ces deux arbres, au stratagème qui avait si bien réussi pour le chêne, et qu'on eût nommé l'un l'arbre de la liberté, et l'autre l'arbre de la fraternité, ils concourraient probablement encore avec le gros chêne à la gloire d'Allouville.

Le Chêne chanté par Du Cerceau.

L'enjoué et spirituel Du Cerceau a composé sur le gros chêne et sur l'épine une pièce de vers qu'il adressa à son ami l'abbé Du Détroit, alors curé d'Allouville. Dans cette pièce, il feint de vouloir se faire ermite et de convoiter ces deux arbres pour ermitage.

J'ai dessein de me faire ermite,
Le monde est trop contagieux;
Tant qu'on le trouve sous ses yeux,
On l'aime, on s'y plaît, on l'imite.
C'est peu d'être religieux,
J'ai dessein de me faire ermite.
Je veux, comme un autre stylite,
Me guinder dans une guérite.
Là, content, et loin du tracas,
Méprisant comme il le mérite
Le monde et ses trompeux appas,
Je le verrai du haut en bas.
Damon, je viens, à deux genoux,
M'adresser tout d'abord à vous,
Pour me fonder un ermitage.
Peu me suffit, ne craignez rien;
Sans démembrer votre héritage,
Je vous demande pour tout bien
Deux arbres, et rien davantage.
Ce chêne creux et toujours vert,
Qu'on voit en superbe étalage
Dominer sur votre village,
Semble m'offrir son flanc ouvert;
C'est là que je veux me loger,
Y joignant pour tout jardinage
L'épine de votre verger.

Tantôt, comme un oiseau sauvage
Sur leurs belles branches perché,
Tantôt au fond du creux niché
Comme un moineau dans une cage,
J'y ferai la nique au péché.
Pour les besoins de la nature
J'y trouverai mon entretien :
Le gland sera ma nourriture,
L'enfant prodigue en vécut bien.
Le ciel propice et salutaire,
Pour la soif du pauvre reclus,
Lui fournira de belle eau claire.
Hélas ! que lui faut-il de plus ?
Si la chair faisait la mutine,
Et menaçait de succomber,
Je trouverais dans mon épine,
De quoi faire une discipline,
Pour l'empêcher de regimber.
Ce chêne, dont la résistance
Triomphe depuis si longtemps
Et des orages et des vents,
M'apprendra dans ma pénitence
Qu'il faut résister jusqu'au bout,
Et que la force et la constance
A la fin triomphent de tout.

En voyant sa feuille mobile
Obéir aux moindres zéphirs,
Hélas ! dirai-je avec soupirs :
C'est ainsi que le cœur fragile
Se laisse aller à ses désirs.
S'il est battu de quelque orage,
Si des vents il sent la rigueur,
J'y croirai trouver une image
De ce triste et cruel ravage
Que les passions en fureur
Causent quelquefois dans un cœur.
Charmante épine, mais trompeuse,
Et toujours un peu dangereuse
Par les pointes que vous cachez,
Vous m'apprendrez que vos piqûres
Font de moins funestes blessures
Que les plaisirs que j'ai cherchés.
A la douleur quoique sensible,
J'en connaîtrai l'utilité,
Quand vous m'aurez facilité
La route fâcheuse et pénible
Qui mène à la félicité.
Vous n'aurez pour moi rien de rude,
Aimable et chère solitude....
Halte-là, me dira quelqu'un,
Modérez un peu ce grand zèle ;

Votre solitude est fort belle,
Et ce projet n'est pas commun.
Mais cependant pour vous j'en tremble ;
Je sais qui s'en repentirait ;
Et d'abord, à ce qu'il me semble,
Vous vous gîtez fort à l'étroit.
D'ailleurs, du gland pour nourriture,
C'est un assez maigre repas.
L'enfant prodigue vous rassure,
Mais le drôle en fut bientôt las.
Enfin, c'est bien pauvre besogne
Que de belle eau claire, entre nous ;
A tout hasard garnissez-vous
De quelque baril de Bourgogne ;
Cela serait fort de mon goût.
On a beau dire, on a beau faire,
La plus belle eau claire, après tout,
Reste toujours de belle eau claire.
Frère Lubin le savait bien,
Et l'envoyait à son chien.
Taisez-vous, esprit incrédule,
Taisez-vous, démon tentateur ;
N'espérez pas tromper mon cœur
Par ce vain et faible scrupule.
Est-ce à l'étroit être gîté,
Que d'être logé dans un chêne

Où, si jadis j'ai bien compté,
Quarante enfants tiennent sans peine ?
Pour l'épine, je me souviens
Qu'on y tient douze à table ronde ;
Or, s'il y tient bien tant de monde,
C'est grand hasard si je n'y tiens.

Si par hasard on accompagne
Le plat de rôt d'un bon flacon
Ou de Bourgogne ou de Champagne,
Faudra-t-il le refuser ? Non.
Un pauvre ermite doit tout prendre,
Surtout ce qui vient de haut lieu ;
Tout prendre, oui, pour l'amour de Dieu,
Du vin seul, cela doit s'entendre :
Dieu préserve un pauvre reclus
De garder meubles superflus.

Tout ceci pourtant doive se taire ;
Car autrement je craindrais fort
Qu'on ne fût jaloux de mon sort,
Si l'on entrait dans le mystère ;
Tel à qui le texte a fait peur,
S'apprivoisant au commentaire,
Voudrait peut-être de bon cœur
Embrasser cette vie austère,
Et, demandant avec ardeur
Un petit coin au solitaire,

Ferait, malgré le fondateur,
De l'ermitage un monastère.
Mais que chacun reste chez soi ;
Le lieu n'est pas trop grand pour moi ;
Je m'y borne, je me confine
Dans mon chêne et dans mon épine ;
J'y souffrirai, s'il faut souffrir,
J'y veux vivre, j'y veux mourir.
Pour le gland et la belle eau claire,
Je ne m'en fais pas une affaire,
Je puis m'en contenter enfin.
Cher Damon, quoi que l'on m'oppose,
Il me suffit pour toute chose,
Que je vous aurai pour voisin.
Non, avec ce doux voisinage
Je ne craindrai ni soif ni faim,
Et vivrai dans mon ermitage
Sans souci pour le lendemain.
Votre cuisine en est si proche,
Que j'entendrai tourner la broche,
Qui ne tourne jamais en vain.
Ce bruit me tiendra lieu de cloche ;
Et je croirai qu'on veut sonner
Pour marquer l'heure du dîner.
A peine serez-vous à table,
Que, d'un air doux et charitable,

Vous direz à votre valet :
Tiens, prends ce plat et ce poulet,
Et le porte à ce pauvre ermite,
Qui n'a ni broche ni marmite.
Je l'entendrai venir soudain,
Et, m'avançant en diligence,
Je bénirai la Providence,
Et n'aurai qu'à tendre la main.
Que l'on se plaigne, qu'on en gronde,
Que l'on en jase dans le monde ;
Je le dis et je le dirai,
Aussi longtemps que je vivrai,
Vous n'aurez pour moi rien de rude,
Aimable et chère solitude !
Belle épine, chêne fameux,
C'est le plus ardent de mes vœux,
Qu'un jour le destin nous assemble ;
J'y pense, j'y reviens souvent ;
Mais il faudrait auparavant
Que Damon vous unît ensemble.

Une copie de cette pièce, portant la date de 1710, se trouve dans la bibliothèque de la ville de Lyon.

Le Chêne converti en Chapelle.

Dans la pièce qu'on vient de lire, Du Cerceau fait allusion à un fait que nous allons raconter. Étant curieux de savoir combien il pouvait de personnes dans l'enceinte du chêne, il s'avisa un jour d'appeler tous les enfants au sortir de l'école, et promit un sou à tous ceux qui pourraient se loger dans la cavité de l'arbre. On pense bien que ces enfants ne se firent pas prier; ils entrent pêle-mêle, ils se pressent, s'entassent l'un sur l'autre; et quand Du Cerceau les en fait sortir un à un, il compte quarante enfants. C'était plaisir de les voir défiler devant lui, pour recevoir leur petit salaire. Leurs camarades qui n'avaient pu trouver de place dans l'arbre ne cachaient point leur chagrin; mais Du Cerceau voulut que la joie fût commune; il leur donna comme aux premiers le sou promis.

> Est-ce à l'étroit être gîté,
> Que d'être logé dans un chêne
> Où, si jadis j'ai bien compté,
> Quarante enfants tiennent sans peine?

Peut-être, ce fut cette aventure qui donna à M. l'abbé Du Détroit l'idée de faire de la cavité du chêne une chapelle.

Il mit la main à l'œuvre en 1696 : il construisit un petit autel, et éleva au-dessus une image de la sainte Vierge, et dédia ce petit sanctuaire sous le vocable de Notre-Dame de la Paix. C'est ce que marquait cette inscription placée au-dessus de la porte :

A NOTRE-DAME DE LA PAIX.

ÉRIGÉ PAR M. L'ABBÉ DU DÉTROIT, CURÉ D'ALLOUVILLE,

EN 1696.

La simplicité de ce petit temple, dont la nature elle-même a construit les murs, s'accorde parfaitement avec l'idée que la religion nous donne de l'humble simplicité, de la modestie et des vertus pleines de charme de celle qu'on y invoque.

Au-dessus de cette chapelle restait un vaste espace. M. l'abbé Du Détroit en fit une chambre, et y plaça une couche, une chaise et une petite table. La porte de cette chambre était semblable à celle de la chapelle; du pied du chêne à la chambre, conduisait un escalier en forme de spirale. C'était une habitation toute faite pour quelque nouveau stylite. On appelait cette chambre, la cellule de l'ermite.

Charles Ier, roi d'Angleterre, et Carless, un des plus illustres chefs de son armée, après la bataille qu'ils perdirent le 3 septembre 1651, cherchèrent un refuge auprès de Bascobel, situé sur le bord d'un bois, dans ce fameux chêne qui fut regardé depuis avec tant d'admiration, et dont on disait, en le montrant aux voyageurs : « Voilà le palais du roi. » Ce chêne était si gros et si touffu, que vingt personnes auraient pu tenir sur sa tête. Le roi, accablé de fatigues, avait besoin de repos; il n'osait s'y livrer sur cet arbre, et quitter cet arbre, était courir d'être connu; suspendu comme sur un abîme et caché parmi les rameaux, un instant de sommeil l'en eût précipité. Carless était robuste, il se chargea de veiller; le roi se plaça dans ses bras, s'appuya sur son sein, et, soutenu par ses mains vaillantes, s'endormit dans les airs. Si Charles Ier eût trouvé dans le chêne de Bascobel la cellule qu'offre celui d'Allouville, n'aurait-il pas béni mille fois la Providence de lui procurer dans un arbre un lieu de repos qu'il ne pouvait plus trouver parmi ses propres sujets !

Visite de M. le Préfet au gros Chêne.

La célébrité du gros chêne s'augmenta beaucoup, lorsqu'il eut été consacré à la religion ; mais c'est surtout depuis un quart de siècle qu'on a commencé à en parler au loin, et que le nombre des visiteurs est devenu considérable ; on voit tous les jours, surtout dans la belle saison, des pèlerins qui viennent souvent de bien loin, pour satisfaire leur curiosité ; souvent le village est traversé par de beaux équipages, qui se dirigent vers notre chêne. Cette célébrité s'explique par la notice que plusieurs feuilles périodiques ont publiée sur le gros chêne, et par l'attention dont il a été l'objet dans plusieurs sociétés savantes.

D. M. P., professeur de botanique au Jardin des Plantes de Rouen, membre de diverses sociétés savantes, en parle ainsi dans une notice qu'il a faite à son sujet :

« Parmi les monuments vivants, il en est peu,
« je crois, au moins en France, aussi dignes
« d'attention qu'un chêne qui se voit dans le pays
« de Caux, à une lieue environ d'Yvetot, tout
« près de l'église et dans le cimetière même du
« village d'Allouville. J'en avais plusieurs fois en-
« tendu parler, mais d'une manière vague. Je suis
« surpris, après avoir eu l'occasion de l'observer
« avec MM. Dubreuil et Lebret, qu'un végétal
« aussi remarquable soit cependant si peu con-
« nu.... Monument à la fois de la nature, de l'art
« et de la piété, l'arbre-chapelle mérite à tous
« égards, de la part des naturalistes et des cu-
« rieux, l'espèce de pèlerinage que j'y ai fait der-
« nièrement. »

En 1852, un corps de troupes se détourna de sa route, sous la conduite de ses chefs, et vint faire station devant le chêne. Non content de l'avoir vu et considéré à plusieurs reprises depuis le pied de l'arbre jusqu'à son sommet, officiers et soldats ne veulent pas le quitter sans l'avoir salué une dernière fois, et sans avoir bu à sa santé. Cette petite aventure fit grand bruit dans le pays.

Mais il n'avait pas encore été visité, comme il vient de l'être, par le premier magistrat du département.

C'est au commencement de 1853 que M. Ernest LeRoy, préfet de la Seine-Inférieure, a voulu voir par lui-même si ce qu'on disait de cet arbre était réel. Il jugea en le voyant qu'il n'est pas au-dessous de sa renommée. Cette visite fera époque dans l'histoire du gros chêne.

L'admiration de M. le préfet ne se borna pas à des paroles. L'escalier, les meubles de la chapelle et de la chambre n'étaient plus depuis longtemps en rapport avec la réputation du gros chêne, et demandaient de grandes réparations; la commune d'Allouville, à cause des autres travaux dont elle était chargée, ne pouvait y subvenir :

M. le préfet accueillit favorablement la demande qui lui fut adressée à cette fin par les administrateurs d'Allouville. Il se chargea lui-même de plaider leur cause devant le conseil général, et dit agréablement que ce chêne devait être classé comme monument départemental, et qu'il voulait en faire une cathédrale. Une somme fut allouée par le conseil général, et les travaux de restauration confiés par M. le préfet à un ingénieur.

Démolition de l'antique Chapelle du gros Chêne.

On ne commença les travaux que dans le courant de l'année 1854. Tout fut démoli, la chapelle et la chambre; on retrancha tout ce que la main de l'homme avait ajouté à ce végétal célèbre et on le revit tel qu'il était en l'année 1695, avec les nouveaux ravages que le temps y avait faits depuis cette époque.

On trouva dans cet arbre quantité de débris, de bois vermoulus, et jusqu'à des bûches entières qui s'étaient détachées du tronc et des esquilles énormes qui, suspendues en l'air et faiblement retenues, ne demandaient qu'à se détacher. Une d'elles, qui avait deux mètres de longueur sur trente centimètres carrés, tomba au moment qu'on y pensait le moins et manqua de tuer un ouvrier occupé à déblayer l'intérieur de l'arbre.

Ainsi que dans une vaste carrière, le spectateur voit avec effroi au-dessus de sa tête des masses de pierres fendues, séparées les unes des autres et prêtes à se détacher de la voûte où elles ne tiennent que faiblement. Tel était l'aspect effrayant qu'offrait l'intérieur du gros chêne. Quiconque l'eût vu alors aurait dit : Cet arbre est vraiment mort.

Creux depuis sa souche jusqu'à son sommet, cet arbre crevassé, et percé à jour en beaucoup d'endroits, offre plusieurs ouvertures béantes. Il ne vit plus que par son écorce et par son aubier, qui dans toute sa circonférence n'a pas en moyenne plus de onze centimètres d'épaisseur. Les branches principales sont creuses comme l'arbre lui-même. On se demande avec étonnement comment ce végétal peut, avec une si faible épaisseur, supporter les énormes branches qui, déjà si pesantes par elles-mêmes, le sont encore bien davantage quand elles sont chargées de frimas et de neiges ; comment ces branches elles-mêmes, quand elles sont parées d'un épais feuillage, ornées de nombreux rameaux et ne tenant plus au tronc que par l'écorce, peuvent résister à la violence des vents et à la fureur des tempêtes. Aussi a-t-on eu la précaution de placer des fils de fer qui lient les branches entre elles et les retiennent à l'arbre.

La vue de l'intérieur et de l'extérieur du gros chêne offre le contraste le plus frappant : au-dedans, c'est la vieillesse décrépite avec ses infirmités dégoûtantes et ses plaies les plus hideuses ; au dehors, c'est la jeunesse riante, vigoureuse, et réjouissant l'œil par ses charmes et ses attraits. Ici, c'est la vie pleine de force, qui se nourrit d'une séve abondante qui fait que cet arbre se pare chaque année d'un vert feuillage, se charge de glands, et produit des rameaux nombreux et touffus. Là, c'est la mort, avec toutes ses ruines, avec tout son hideux cortége de débris et de pourriture. Tel un homme chargé d'années et rempli d'infirmités, qui saurait encore nous en imposer par la vivacité de son esprit, par un caractère toujours aimable et par tout l'enjouement de la jeunesse.

Restauration du Chêne-Chapelle.

Cette restauration consiste dans l'exécution d'une chapelle de la vierge Marie, de celle du calvaire et des travaux extérieurs :

1° La chapelle est construite en bois de chêne ; l'autel, les lambris, la petite voûte, ainsi que le parquet, sont habilement travaillés et du meilleur goût. La porte est du même travail que les lambris ; le haut en est formé de petites colonnes torses, et laisse aux pieux voyageurs la vue de l'intérieur de la chapelle. Au-dessus de cette porte on lit cette ancienne inscription : *A Notre-Dame de la Paix*. L'ensemble de cette chapelle produit un bel effet. Sa hauteur est de trois mètres environ sur deux mètres moins dix centimètres de circonférence. La forme de ce sanctuaire est un octogone très-régulier.

On a placé sur l'autel une belle statuette de la sainte Vierge, riche don de S. M. l'impératrice Eugénie.

Un grand avantage que cette nouvelle chapelle a sur l'ancienne, c'est que le prêtre peut y célébrer nos saints mystères, accompagné de plusieurs assistants, tandis qu'on ne l'avait pas fait une seule fois dans l'ancienne.

2° Au-dessus de cette chapelle se trouve une autre chapelle, dite la chapelle du Calvaire. Elle remplace l'ancienne chambre, qui offrait peu d'intérêt. Les lambris de ce nouvel oratoire devaient être semblables à ceux de la chapelle inférieure, mais l'ouvrier ayant trouvé quelques difficultés pour l'exécution de ce travail, on s'est décidé à la construire d'une autre manière, et de forme ogivale, parce que ce mode de construction permettait de profiter de tout l'espace que l'arbre offrait à l'intérieur. Cette chapelle a à peu près deux mètres de circonférence. L'image du Christ, attachée à une croix, est placée dans un enfoncement que présentait la configuration de l'arbre, et en fait tout l'ornement. La clôture est en tout semblable à celle de la chapelle inférieure.

3° Les autres travaux exécutés autour du gros chêne sont dignes d'attention. La balustrade qui fait le contour de l'arbre est en bois de chêne et composée de petites colonnes en tout semblables à celles qui se trouvent à la porte de la chapelle. L'escalier, dont la rampe est semblable à la balustrade, est d'un excellent goût et fort commode. Une galerie semblable à la balustrade conduit de l'escalier à la chapelle et procure au voyageur le plaisir de se promener à l'ombre des branches supérieures et de s'asseoir sur un banc placé entre l'escalier et la chapelle du Calvaire. C'est une tonnelle suspendue en l'air.

Bénédiction de la Chapelle du gros Chêne.

Le chêne-chapelle étant ainsi restauré, il restait à en faire la bénédiction. Monseigneur Blanquart de Bailleul, archevêque de Rouen, daigna se charger de faire lui-même cette cérémonie, et en fixa le jour au 3 octobre 1854.

Avant l'heure marquée, une nombreuse assemblée était réunie autour de l'arbre ; de longtemps on ne devait avoir l'occasion de revoir une pareille fête. Monseigneur, précédé d'un nombreux clergé, et suivi d'une longue file de jeunes gens et de soixante jeunes filles vêtues de blanc, arrive au pied de l'arbre. Là on lui exprime par plusieurs harangues la reconnaissance, l'enthousiasme que cause sa présence. Il accueille avec bonté cette expression de la joie publique, et, montant sur la galerie qui est formée par l'escalier, il parle de là, comme d'une chaire, à toute cette foule recueillie et profondément émue.

Son discours fini, il bénit successivement la chapelle de Notre-Dame de la Paix et celle du Calvaire qui est au-dessus ; et après cette bénédiction, vint le moment le plus auguste de toute la cérémonie. Le prélat, accompagné de plusieurs prêtres, entra dans l'arbre pour y offrir le saint sacrifice. L'assemblée, déjà si attentive, sembla se recueillir encore à cet instant solennel. Tout contribuait à produire sur les esprits une impression profonde. Le souvenir de tant de générations que cet arbre avait protégées de son ombre, la vue des tombeaux sur lesquels ils étaient agenouillés, les mains du pontife s'élevant pour faire descendre les bénédictions du ciel, un arbre devenu le temple du Très-Haut, où allait s'accomplir ce sacrifice qui réconcilie le ciel à la terre, la nouveauté seule et la singularité de ce spectacle, frappaient vivement les assistants. Quelques-uns reportaient leurs pensées à l'action de Gédéon, cet illustre prince du peuple de Dieu, offrant aussi un sacrifice sous un chêne; mais il y avait ici plus que le sacrifice de Gédéon. D'autres se rappelaient l'arbre d'Éden, dont le fruit avait fait entrer la mort dans le monde, et l'arbre du Calvaire qui nous a rendu la vie. Le pontife acheva les saints mystères au milieu d'un silence qui n'était interrompu que par le chant des cantiques. Un *Te Deum* termina cette imposante cérémonie, dont le souvenir ne périra jamais dans la mémoire des habitants d'Allouville.

N. B. Nous ajoutons à cette notice une pièce de vers, qui a déjà été publiée dans un journal, et un court appendice sur la commune d'Allouville, où se trouve le gros chêne.

De retour d'un village en prodiges fertile,
Osé-je vous parler du chêne d'Allouville,
De ce chêne fameux, de qui l'énorme tronc
Par un millier d'hivers a vu rider son front?
Vieil enfant de ces lieux, sa nourrice féconde
Rajeunit ses rameaux par sa souche profonde,
Et jamais la cognée, alarme des forêts,
N'osa sur ses vieux ans prononcer ses arrêts.
Son branchage noueux, chargé d'un vert feuillage,
Semble orné par le temps et respecté par l'âge.
Son corps monstre, ses bras qu'en vain battent les vents,
Son front audacieux découvert par le temps,
Ont bravé mille fois la fureur des tempêtes,
Tandis que des chêneaux les orgueilleuses têtes
Se sont vues renversées, tomber avec fracas,
Leurs faibles troncs brisés rebondir en éclats.
Sur un lieu sépulcral il étend son ombrage;
Près d'un rival jaloux (le clocher du village),
Rivalisant d'années, il vit sous ses rameaux
Des milliers de mortels descendre en leurs tombeaux.

D'un spacieux contour son vaste sein recelle,
Modestement parée, une antique chapelle.
Plusieurs ont pris ce fait comme un fait fabuleux.
La chose est, je l'ai vue et l'affirme contre eux.
Certains jours solennels un prêtre y fait l'office,
Et sur un simple autel offre le sacrifice.
Du curieux l'œil avide et saisi de respect,
Reste étonné, surpris à son énorme aspect.
Douteriez-vous? Allez — vous convaincre est facile —
Visiter en ces lieux les braves d'Allouville ;
Tous ils vous feront voir, par un accueil joyeux,
L'antique compagnon, témoin de leurs aïeux.

APPENDICE.

La paroisse célèbre par son gros chêne se compose de trois communes, Allouville, Bellefosse et Bois-Himont, et est devenue par cette agglomération une des paroisses les plus étendues. Sa population est de 1,500 habitants environ. Allouville doit son nom à Alof ou Alouf, l'un de ses seigneurs. Les anciens titres portent : Aluf-Villa. L'église paroissiale est sous le vocable de Saint-Quentin. Le cantique composé en l'honneur de cet illustre martyr, est chanté publiquement par les jeunes gens deux fois l'année. Les seigneurs d'Allouville et les religieux de Saint-Wandrille se disputèrent longtemps le patronage de cette cure. Il fut convenu en 1266, qu'ils en jouiraient alternativement. Plusieurs fois détruite par les guerres, l'église d'Allouville a été remplacée, dans le XVIe siècle, par l'édifice actuel, dont la partie basse a été remaniée en 1693 et en 1769. Le chœur est remarquable par les restes de ses vitraux peints ; avant sa restauration intérieure, les deux côtés de son plafond portaient l'inscription suivante en lettres gothiques et gravées en relief : « Ce chancel a fait faire maître Avisse de Récusson, curé ceans, en l'an mil cinq cent trente-huit. On voit maintenant cette inscription sur la partie supérieure de la muraille qui sépare le chœur de la nef et en dedans du chœur. Il existait sur le quart de fief d'Allouville, une chapelle que les protestants ont détruite en 1562; une nouvelle chapelle, dite de Saint-François, fut construite en 1701 par les seigneurs et dans la cour du château, mais le château et la chapelle ont disparu à la révolution.

L'église d'Allouville était très-riche autrefois en vases sacrés et ornements d'église; les croix d'autel, de procession, les chandeliers, les encensoirs, les lampes, etc., étaient en argent massif. Les chapes, les chasubles et les plus beaux ornements étaient en drap d'or. Tout cela était dû à la piété et à la générosité de Lamotte, curé d'Allouville en 1711. Mais toutes ces richesses ont été emportées par la tourmente révolutionnaire.

La sonnerie d'Allouville était très-remarquable,

non par la grosseur de ses cloches, puisque celle qui est restée et qui était la plus forte ne pèse que mille kilogrammes environ, mais par son harmonie.

Lors de la dévastation des églises, tout l'ameublement de l'église, autels, contre-retables, stalles, chaire, confessionnaux, bancs, lambris, tout a été vendu à l'encan, malgré l'opposition d'un certain nombre des habitants, surtout des femmes, et adjugé au même adjudicataire, nommé Baptiste Bonheur, instituteur de la commune. Le prix de cette vente se montait à 800 fr., que l'acquéreur paya entre les mains des agents de la république; puis il ouvrit une souscription parmi les habitants pour se rembourser de la somme qu'il avait payée. C'est ainsi que l'ameublement de l'église a été conservé. Gloire au bon instituteur !

FIN.

Rouen. Imp. MÉGARD et Cie, Grand'Rue, 156.

www.ingramcontent.com/pod-product-compliance
Lightning Source LLC
Chambersburg PA
CBHW060945050426
42453CB00009B/1136